덜어내기

덜어내기
김응길 제13시집

초판 1쇄 발행 2025년 8월 15일

지은이 김응길
펴낸이 장길수
펴낸곳 지식과감성#
출판등록 제2012-000081호

교정 이주희
디자인 김희영
편집 김희영
검수 정은솔, 정윤솔
마케팅 김윤길

주소 서울시 금천구 벚꽃로298 대륭포스트타워6차 1212호
전화 070-4651-3730~4
팩스 070-4325-7006
이메일 ksbookup@naver.com
홈페이지 www.knsbookup.com

ISBN 979-11-392-2737-6(03810)
값 17,000원

• 이 책의 판권은 지은이에게 있습니다.
• 이 책 내용의 전부 또는 일부를 재사용하려면 반드시 지은이의 서면 동의를 받아야 합니다.
• 잘못된 책은 구입하신 곳에서 바꾸어 드립니다.

지식과감성#
홈페이지 바로가기!

덜어내기

김응길 제13시집

돌맹이 하나 마음에 품고
여울을 만드는 시냇물

지식감정

■ 서시

서시 序詩

나는 진즉에 알고 있었답니다
많은 사람들과
더불어 함께하지 못하고
타인의 제왕적 눈빛을
온몸으로 거부하는
모래톱 같은

나는 진즉에 알고 있었답니다
내 영혼으로부터
쉼 없이 부서지며
솟아오르고 사그라지는
밀물과 썰물을 품은
고독한 물마루* 같은

---

*   바다와 하늘이 맞닿은 것처럼 보이는 수평선의 두두룩한 부분

목차

서시-서시序詩 ·· 5

제1부 새로움

퇴직이란 ·································· 14
민중의 힘 ································ 15
그리운 날에는 ························ 16
자장가 ······································ 17
이 겨울엔 ································ 18
산행 ·· 19
크기 ·· 20
워킹 맘에게 ···························· 21
끈 1 ·· 22
몫 ·· 23
몰락沒落 ···································· 24
다른 길 찾기 ·························· 25
물방울 ······································ 26
오늘을 살며 ···························· 27
가면假面 ···································· 28
관심에 대하여 ························ 29
남자라는 이유 ························ 30
예언豫言 ···································· 32
고백告白 ···································· 33
생각의 굴레 ···························· 34
허울 ·· 35
순리를 알고 있니 ·················· 36
아직은 모르겠어요 ················ 37

제2부 믿음

새 …………………………………… 40
믿음 …………………………………… 41
비밀 …………………………………… 42
어떤 다툼 …………………………… 43
쓰레기봉투 ………………………… 44
겉모습 ……………………………… 45
해넘이 ……………………………… 46
성공의 진실 ………………………… 47
감사한 일 …………………………… 48
별 …………………………………… 49
춘설春雪 ……………………………… 50
안녕, 잘 가 ………………………… 51
밭갈이 ……………………………… 52
무서운 진실 ………………………… 53
하루의 기적 ………………………… 54
민들레 ……………………………… 55
부소산 가는 길 …………………… 56
사랑하는 방법 ……………………… 58
생각의 변환變換 …………………… 59
오늘 ………………………………… 60
길 찾기 ……………………………… 61
행복 ………………………………… 62
쉬는 나무 …………………………… 63

제3부 틈

틈 ································ 66
시골의 미용사 ···················· 67
바다, 그 그리움 ··················· 68
어느 집주인 ······················ 69
백수에게 ························· 70
사유의 한계 ······················ 71
자연에게 ························· 72
사랑하면 돼 ······················ 73
덜어내기 1 ······················· 74
꿈 ······························· 75
열쇠 ····························· 76
대화의 기술 ······················ 77
생각 차이 ························ 78
굴레 ····························· 79
느낌표와 물음표 사이 ············· 80
확실한 증거 ······················ 81
살아 있는 사람에게 ··············· 82
생각 바꾸기 ······················ 83
울 엄마 ·························· 84
꽃잎 ····························· 85
건강 챙기기 ······················ 86
행복은 발견하는 것이다 ··········· 87
뿌림과 거둠 사이 ················· 88

제4부 이해하기

이해하기 ········· 92
부표 ········· 93
발버둥 ········· 94
한 편의 시 ········· 96
물에게 물어봐 ········· 97
그만하면 괜찮다 ········· 98
나머지 ········· 99
병실에서 ········· 100
슬리퍼 ········· 101
쉽게 말하지 마소 ········· 102
비밀은 없어요 ········· 103
사랑 1 ········· 104
사랑 2 ········· 105
소꿉장난 ········· 106
나이 든다는 것 ········· 107
그루터기 ········· 108
퇴직 후 30년 ········· 109
사과나무 아래에서 ········· 110
당신의 하루 – 어느 백수에게 ········· 112
젖지 않는 바다 ········· 113
그리움 ········· 114
적당함에 대하여 ········· 115
생각의 변이 ········· 116

제5부 끈

글쓰기 ················· 118
강아지풀 ··············· 119
끈 2 ···················· 120
정치색政治色 ············ 121
반박反駁 ················ 122
보고 싶다 ·············· 123
놀이터에서 ············· 124
면도를 하며 ············ 125
끝없는 사랑 ············ 126
골짜기 소곡 ············ 127
잠자리에 들며 ·········· 128
한국인 ·················· 129
진실입니다 ············· 130
인생길 ·················· 131
다짐 ···················· 132
마음고름 ··············· 133
그 자연처럼 ············ 134
건강에 대하여 ·········· 136
사랑하면 다 보여 ······· 137
할머니 말씀 ············ 138
덜어내기 2 ············· 139
손거울 사러 갑니다 ····· 140
꼭 반반半半 ············· 141

제6부 순리

몸살 …………………………… 144
자유를 위해 …………………… 145
익숙함은 정직하다 …………… 146
순리順理 ………………………… 147
후회라는 것 …………………… 148
자화상自畵像 …………………… 149
갈림길 ………………………… 150
무서워요 ……………………… 151
꿈꾸는 잡초 …………………… 152
성城 …………………………… 154
강 마을 수채화 ……………… 155
한여름 ………………………… 156
유월 …………………………… 157
커피 한잔 ……………………… 158
여랑 야랑 ……………………… 159
젊은이여 ……………………… 160
사랑이란 ……………………… 161
강 마을 소네트 ……………… 162
큰일 …………………………… 163
고란사 소곡 …………………… 164
선 긋기 ………………………… 165
귀鬼 …………………………… 166
수직선 ………………………… 168

덜어내기

제1부

새로움

퇴직이란

물이나 바람 그리고 구름
흐르는 것들에게
아집我執을 실어 보낼 수만 있다면
그럴 수만 있다면

당신의 퇴직은
아직 싹을 틔우지 않은
비밀의 씨앗을
선물받는 것

오로지
당신의 생각대로
당신의 행동대로
신비롭게 싹이 트는 것

민중의 힘

늦가을 어느 날
갈대의 반항

바람아 불어 봐라
더 세계 불어 봐라

흔들릴지언정
꺾이지는 않으리라

내 뿌리는
더 단단해지리라

내 씨앗은
더 멀리 날아가리라

그리운 날에는

그리움이 돌처럼
무거운 날에는
골짜기에 앉아
물소리를 들어 보아요

물속에 있는 돌을 치우면
노래를 잃어버리니
돌멩이 하나 마음에 품고
여울을 만드는 시냇물처럼

자장가

세상에서 가장
평화로운 노래

자장자장 우리 아기
잘도 잔다 우리 아기

백두에서 한라까지
바람아 나르거라
갈등도 자장자장
불신도 자장자장

이 겨울엔

오늘 아침엔
강물이 얼었다
강둑에 서서
나도 얼어 간다

빙판 위에 드러나는
살아온 날들의 투영
그 식지 않는
탐욕의 바람이여

산행

산에 가서는
오감을 모두 열고
영혼이 말을 하게
침묵할 일이다

살포시 입 맞추는 햇살과
온몸을 감싸는
싱그러움에 기대어
침묵해야 할 일이다

크기

기쁨이나 슬픔에
크기가 있을까
기쁘면 마냥
기뻐하면 되는 거고
슬프면 그냥
울어 버리면 되는 거지

행복이나 불행에
크기가 있을까
행복하면 마냥
행복해하면 되는 거고
불행하면 그냥
지나가길 기다리면 되는 거지

얼마만큼이라는 말은
기준 없는 허상
크기를 말할 수 없는 것
마음의 둘레를 여미고
다독이다 보면
모두 감사한 것들이겠지

워킹 맘에게

주어진 책임에 눌려
너무나 모자란 사람이라고
자책하지 말아요

가정의 굴레에서
죄책감과 미안함에
기죽지 말아요

전념하지 못한 사회에
능력이 부족하다고
자기를 비하하지 말아요

워킹 맘 그대는
우리의 미래를 만들며
사회를 이끄는 선지자라오

끈 1

어둠 위에 어둠이
또 그 위에 어둠이
겹겹이 쌓인다 해도
그대여
두려워 말아요

쌓이고 쌓인 어둠도
한 줄기 빛에
가뭇없이 사라지니
그대여
터널의 끝은 꼭 있나니

몫

당신은
날개를 달고
꽃을 찾아 헤매는
꿀벌이 될 수 있지요

당신은
향기를 품고
꿀벌이 찾는
꽃이 될 수도 있지요

당신이
날개를 만드는 것도
향기를 풍기는 것도
모두 당신의 몫이지요

몰락 沒落

허무주의 껍데기 같은
상처를 많이 달고
앞서 달려가는 트럭

가득 실려 있는
많은 물건들 중에
탐나는 것이 하나도 없다

언제나 추락은
상승보다
빠르고 쉽다

다른 길 찾기

가다 보니 벽에 막혔어
그래도 포기할 수는 없잖아
열정이 사라져 버릴 것 같아
그렇다고 막힌 길 앞에서
계속 망설이고 있는 건
어리석은 일이잖아

방향을 바꿔 봐
더 나아진다면
무엇이라도 해 봐야 되겠지
지금 당장 할 수 있다면
더욱 좋은 일이지
세상엔 의미 있는 일이 참 많아

물방울

물방울이 모여
땅 위에서 놀면
강물이라 하지요

물방울이 모여
하늘에서 놀면
구름이라 하지요

물방울이 모여
무섭게 화를 내면
홍수가 되고요

물방울이 모여
미소를 지으면
아, 그것은 생명입니다

오늘을 살며

삶의 진실을 받아들이면서도
세상을 향해
분노하지 않는 길은
내가 생각하는 가치에
몰입하는 것

세상에 대한 기대는
잃은 지 오래
살아 있음 그 한 가지에
모든 의미를 쏟고
숨 고르기에 전념하는 것

가면 假面

사랑이라는 가면을 쓰고
행해졌고
행해지고
행해질 그 수많은 악행들

외로움의 가면
욕정을 풀기 위한 가면
돈을 벌기 위한 가면
먹고살기 위한 가면

너를 사랑하니까
너를 사랑하니까
너를 사랑한다니까
네가 필요해 꼭

관심에 대하여

식물이건 동물이건
살아 있는 것들은 모두
관심을 받지 못하면
죽게 된다 꼭

바람의 격려를 받든
햇살의 다독임을 받든
좋은 것이든
나쁜 것이든 모두

남자라는 이유

여자아이는
남자아이의 놀이에
쉽게 참여할 수 있지만
남자아이는
여자아이의 놀이에
쉽게 참여하지 못했지
우리 때는 그랬어

여자아이는
남자아이와 경쟁해서
승리하면 칭찬을 받지만
남자아이는
여자아이를 이겨서
칭찬받는 일은 없었지
우리 때는 그랬어

남자아이는
여자아이와 싸움을 해서
이기면 한심한 놈이 되고

지기라도 하면
여자에게 두들겨 맞은 놈이라는
인생의 낙인이 찍혔지
우리 때는 그랬어

남자아이는
억울한 일에 고개를 숙이며
주먹을 꼭 쥐고 참았지
남자라는 이유로
여자아이를 그냥 보살폈어
보호와 배려가 당연했지
우리 때는 그랬어

예언 豫言

백마강의 하루를 열며
열심히 돌던 쌀 방앗간은
카페로 바뀐 지 오래

기왓장 내려앉은
지붕을 이고
간신히 버티는 고란사

아, 그런데
옛날이 좋았노라곤
말하지 않으련다

다만 세상 모든 일은
끝이 있다는 거지
성한 것들은 멸한다는

그러니 지금
어려운 사람들 말이야
조금만 버티어 봐

고백 告白

어렵게 꺼내는 말
당신을 생각하면
슬프기도 하고
웃음이 나기도 해
당신의 꼭두각시인가 봐
그것이 참 즐거워

시간이 파 놓고 기다리는
수많은 함정들과
술래잡기하면서
그대를 향해 옮기는 걸음이
불안하지도 않고
단단한 끈이 있거든

오래오래 지난 어느 날
울고 웃었던 일들이
한탄으로 남으면
눈물은 주름의 고랑에 뿌리고
웃음은 입꼬리에 얹어
말하리라 행복했노라고

생각의 굴레

자연이 생각하기에는
인간의 삶이나
잡초의 삶이나
똑같은 삶이겠지

그럴까
인간의 삶을
잡초의 삶에
비유라도 할 만할까

허울

살아간다는 건
죽음을 먹는 일
채식주의자이건
육식주의자이건
날로 먹든지
익혀 먹든지

살아 있는 것들을
난도질하여
배를 채우며
고상한 척하지 마소
물고 뜯고 씹고
싸고 뭉개고

순리를 알고 있니

움직이는 것에는
빠르게 가는 것도 있고
느리게 가는 것도 있어
빠른 것은 빠른 대로
느린 것은 느린 대로
제 갈 길로 가는 거지

우리네 생각도 마찬가지지
젊은 너는 빠르게 살아
열정이 다 사라지기 전에
나이 먹은 나는
조용하고 느긋하게 생각하는
즐거움으로 살아갈게

아직은 모르겠어요

매력적인 어른이 되려면
경험도 많아야 하고
가진 것도 있어야 하고
때로는 침묵과 관조로
시간을 달랠 줄 알아야 하지요

매력적인 어른에게
꼭 필요한 것은
어쩌면 어쩌면
체념과 인내인지도
아직은 모르겠어요

덜어내기

제2부

믿음

새

높이 나는 새는
먹이를 탐하지 않아요

자신의 날갯짓만으로
행복을 만끽하는 거지

고독과 동행하는
창공의 자유로움으로

타인의 변덕에
휘둘리지 않는 행복이여

믿음

한계와 편견 너머
헤아릴 수 없는 사랑을
헤아리려 애쓰지 말아요

그저 그것의 견고함에
고마워하기만 하며
믿음 주면 좋지요

때로는 필요해요
이유를 찾지 말고
그냥 무조건

비밀

대도시를 이루는
집들
하나하나에

그 집을 이루는
방들
하나하나에

그 방을 지키는
심장
하나하나에

그 심장을 지키는
하나하나의
많은 비밀들

어떤 다툼

밤 깊은 용산역
크게 소리 내지르며
노숙자들끼리 다툼을 한다

서로가 서로에게
더러운 냄새 난다고 밀치며
자리다툼을 한다

쓰레기봉투

옆구리가 터지도록 먹고
아귀를 다물 수 없어
입 벌리고 있는
봉투 그 봉투들

새벽길에 마주할
기다림의 손길
그 봉투의 불안
난해한 은유를 세상은 알까

모순된 상황
우격다짐으로 부풀려진
드러날 수 없는 메시지를
나는 이해하려 애쓰지 않는다

겉모습

바라보이는 겉모습은
내 기준의
어설픈 짐작
전체의 일부분
더 큰 잠재력의 한 단면

우리는 왜
쉽게 이해되는 시는
높이 평가하지 않으면서
한 인간에 대해서는
그토록 쉽게 판단을 할까

미용사 손으로 꾸민 머리
화장으로 덧칠한 얼굴
온몸을 휘감은 유행
명품의 껍데기
그 화려함이여

해넘이

바다는 어둠을 싣고 와
분주히 내려놓고
찰방거리며 놀고 있었다

괭이갈매기 부부는
가로등에 날개를 접고
숨 고르기를 하고 있었다

바쁠 것 없는 바라봄 속에
석양은 먹구름 이불 덮고
깊게 잠들어 있었다

내 힘으로
어쩔 수 없는 것들은
한차례의 파도로 여기면 되겠다

성공의 진실

실패하는 당신을 보면
똑같지는 않지만
운율에 맞추어 반복하는
귀뚜라미 노래 같아

악기를 바꾸고
장소를 옮겨도
같은 리듬을 연주한다면
성공할 수 있겠니

감사한 일

사회가 인정하는
가치 척도에 맞추려
애써 온 세월이
후회스럽지 않아
모두 다 그렇게
살아 내고 있었으니까

어쩌면 그렇게 살았기에
지금의 내 모습이
이렇게 만들어졌을지 모르고
나답게 산다는 것이
모순일지도 모르지만
지금 행복하면 된 것이겠지

고상한 척한다고
자랑하고 허세 부린다고
뒷담화해도 괜찮아
나는 나이니까
이렇게 만들어 준 세상에
감사하며 살면 되지 뭐

별

그곳에도
비가 내리나 봐요

그곳에도
바람이 불고 있나 봐요

오늘 이 밤
해맑게 웃고 있잖아요

빗방울로 방금 씻고
바람결로 닦아 내고

춘설 春雪

희망의 춘삼월인데
정국은 여전히
갈라지고 얼어붙어 있습니다

나는
꼴 보기 싫어
눈을 감아 버렸습니다

하늘은
보기 싫어서
눈으로 덮어 버렸습니다

이 눈이
녹는 날까지만
아! 봄눈 녹듯이 말입니다

안녕, 잘 가

같이 떠나온 소풍인데
정신 팔려 놀다 보니
돌아갈 때는
모두 다르게 가네요

십 대를 기억해 주는
그 누구 몇 명이 남아
내가 니 맘 다 안다고
무너지는 것이 참 많습니다

밭갈이

농부가 트랙터로
갈아엎는 논과 밭
봄빛이 그려 놓은
명화가 지워지고 있네요

뒤따르는 황새 한 마리
긴 다리 껑충거리며
횡재의 춤을 추지만
묻히는 봄은 어찌하나요

무서운 진실

강변 버드나무는
해마다 봄이 되면
또 푸르게 흔들립니다

바라보는 당신은
해마다 봄이 되면
더 늙어 갑니다

하루의 기적

소중한 사람과
마주 앉아
밥을 먹을 수 있다는

소중한 사람과
나란히 앉아
드라마를 볼 수 있다는

소중한 사람이
나갔던 문으로
무탈하게 들어온다는

민들레

지금쯤 그 담장 밑에는
민들레꽃이 피어 있겠지
몇 송이를 피워 올렸을까
벌써 홀씨 되어
날아가지는 않았을까

궁금하다는 건
보고픈 그리움
흔하다는 건
특별하다는 거다
너와 나 둘이서만 아는

부소산* 가는 길

강물을 물고기처럼
거슬러 오르지 못해도
강둑길을 한참이나
걸어가야 했어

수북정을 끼고 돌아
오래된 다리를 건너노라면
비둘기들이 모여 앉아
잡담을 하고 있지

고수부지의 갈대밭이
유혹하기도 하고
흐르는 강물이
걸음을 붙잡기도 하지

날실과 씨실로 전설을 엮어
곱게 치장하고 있는

───────────────
* 扶蘇山, 충청남도 부여에 잇는 해발 96m의 산

백마강과 구드래에
마음 붙잡혀선 안 돼

작은 목소리로 종알거리며
숨 고르면서 오르기 좋은
산이 그곳에 있지
널 기다리며

사랑하는 방법

벚꽃잎이 내려앉네요
너무 많아
다 볼 수가 없어요

그냥 나무를
바라보기로 했어요
다 보이네요
다 담아지네요

당신의 모든 것을
다 담기에는
내 마음이 너무 작아요

그냥 당신을
바라보기로 했어요
다 담을 수 있네요
다 품어지네요

생각의 변환變換

이렇게 살면
이렇게 되고
저렇게 살면
저렇게 된다는 걸
나는 알아 버렸습니다

그렇게 살면
그렇게 되고
작은 의미들이 모여
미래를 만든다는 걸
당신도 알았으면 좋겠습니다

오늘

달력을 바라봅니다
꿈틀거리며 일어서는
기쁨과 슬픔

숫자 속에 숨어 있는
그 많은 사연들

기쁨만 담고 있거나
슬픔만 품고 있는
하루는 없을 테지요

하루살이처럼 오늘을 열며
첫새벽에 미소부터 그립니다

길 찾기

근심 많은 세상에서
피할 수 없는
아픔이나 슬픔 같은 건
성숙으로 오르는 디딤돌

요기조기에서 기다리는
걸림돌에 걸려
넘어져 깨어지고 나면
생채기에서 싹트는 너의 경륜

요령껏 피해 가는 것보다
깨어지고 부서지고
다시 일어나 걷는 길이
행복으로 가는 길일지도 몰라

행복

거센 폭풍우는
맑은 햇살이 뒤를 쫓고
긴 터널에 들어서면
끝이 있다는 걸
잘 알고 있습니다

머리로 알고 있는 것이
가슴으로 내려올 때까지
많은 나날을
두려움에 숨죽이며
살아 내야 했습니다

그 어느 날
맹숭맹숭한 하루가
행복이라는 걸 알기까지
나도 그렇고 너도 그렇고
참 많이 변했습니다 그려

쉬는 나무

언제 어디서
어떻게 왔는지
강변에 뿌리 내린
버드나무 한 그루

먹이 사냥하는 철새의
쉼터가 되기도 하고
무전여행 하는 낙엽의
정거장이 되기도 하고

지난여름 불어난 물에
온갖 것 다 품고 버티다
끝내 쓰러졌지만
그대로 살아 있구나

발은 물에 담그고
반쯤은 땅에 기대어
올려다보는 너의 하늘은
어떤 구름이 노닐고 있을까

덜어내기

제3부

틈

틈

보도블록에서부터
무너진 돌담까지
아스팔트 길에서부터
산속 오솔길까지

틈만 있으면
피워 올리는
민들레꽃
민들레 그 꽃

시골의 미용사

허리 굽은 할머니에서부터
허리에 힘없는 아기까지
머리카락 하나는 쥐락펴락하는
시골의 미용사

손가위질보다
더 바쁜 입놀림 속에
세상사 모두 녹아
맞장구치고 있다

바다, 그 그리움

갯바위에 부딪혀
하얀 거품을 토해 내며
사라지는 그 파도

물거품이 된 파도를
다시 만드는 바다
쉴 틈이 없다

자꾸만 밀려오는
당신에 대한 보고픔
그 끝없는 밀려옴

어느 집주인

봄맞이 대청소를 위해
방충망까지 열어젖혔어
일찍 잠에서 깨어
정신 못 차린 벌 한 마리

눈 부라리며 지키는
집주인 앞에서
소리 내어 날갯짓하고 있어
일찍 죽으려고

오늘만큼은
너그러워지리라
여유로운 주인이 되어
제 갈 길 가게 기다려 주었어

잘못 들어선 길
잘못을 알아차리고
유턴할 시간은 필요하겠지
기다림은 배려야 그치

백수에게

내가 할 수 있는 일들은
사람들이 모두 차지하여
남은 일이 하나도 없어
슬프게도 난 할 것이 없어

많고 많은 좋은 시는
시인들이 모두 써서
남은 낱말이 하나도 없어
아쉽게도 난 쓸 것이 없어

새털같이 많이 남은 날
할 일도 없고
쓸 것도 없고
너는 많이 외롭겠어

속단하지 말고
마음속은 뒤져 보았니
찬찬히 정리하며 찾다 보면
분명 네 것이 남아 있을 거야

사유의 한계

미루어 짐작하는 것은
그대의 자유이지만
반백 년은 살아 봐야
반백 년을 먼저 살다 간
타인의 인생을 알 수 있습니다

자기 생각대로 만든
그릇의 크기와 모양대로
골라서 담고 버리고
넘치고 흐르고 끝내는
무너져 내리고 있습니다

자연에게

안경 렌즈를 거울로 바꾸면
내가 나에게 눈길을 주고
내가 나에게
손을 내밀 수 있을까

그 시간을 얻기 위해
그토록 먼 길을
힘겹게 돌아
이곳에 왔을까

나보다 한참 전에
세상을 시작하고
가뭇없이 사라져 간
물과 바람의 자연이여

내 메마른 등을 도닥이며
내가 내 삶을
사랑할 수 있는
조금의 햇살을 남겨 주소서

사랑하면 돼

그래
그럴 때도 있는 거야
너도 사람인데
모든 걸 다 이해할 순 없잖아
뭔가 이유가 있었겠지

어쩌면 오늘
기분이 별로일 수도 있고
내일 다시 하면 되잖아
내일도 또 이러면
그땐 더 사랑하면 돼

덜어내기 1

뚝 떼어 내어
버리지는 못해도
한 줌씩 덜어내다 보면
언젠간 바닥이 보이겠지

손가락에 힘을 주고
쥐고 펴기를 반복하다 보면
미움이나 그리움도
싸하게 비워지겠지

비워진 곳마다
긍정의 낱말을 심다 보면
찌그러진 몰골의 감성이
다시 기지개를 켜겠지

꿈

별이나 달빛에 기대어
꿈을 노래하던
그 아이는 어디로 갔을까

커 가는 아이보다
더 빠르게 깨어지는
꿈들 그 꿈들

빛나는 것들은
모두 깨어진 것들이다
사선死線의 모서리에서

열쇠

아무리 여러 번 시도해도
지하실 열쇠로
안방 문은 열 수 없어

아무리 여러 번 되뇌도
네 생각에 딱 맞는
한마디 말이 필요해

대화의 기술

물은 차이가 많이 날수록
시끄럽게 떠든다
차이가 나지 않고 비슷해야
소곤소곤 대화한다

사람은 차이가 많이 날수록
조용히 침묵한다
차이가 나지 않고 비슷해야
시끄럽게 떠든다

물소리 요란한 걸 보니
산이 높은가 보다
사람들 소음이 심한 걸 보니
비슷한 수준인 것 같다

생각 차이

당신은 무거운 침묵을 깨고
힘들게 입을 열었지요
아무리 질문을 해도
세상을 이해할 수 없다고

이해할 수 없다고 말해 줘서
참 고마워요
이해할 수 없다는 건
이해하려고 노력했다는 것이니까요

당신을 보내고 돌아서는 길
다시 펴 든 당신의 책갈피에는
바람도 숨죽이고
되새김질하고 있었어요

굴레

모두에게
힘든 일이 아니라
내가
힘들어하는 일입니다

모두에게
귀찮은 일이 아니라
내가
귀찮아하는 일입니다

굴레에서 헤어나면
힘들어하던 그 일이
귀찮아하던 그 일이
생각이 만든 허구입니다

느낌표와 물음표 사이

들숨과 날숨 사이
그 짧은 시간의 간극間隙*

깨닫기 위해선
질문해야 하겠지

질문하기 위해선
느낌이 있어야 하겠고

느낌표와 물음표 사이에서
맴돌이하는 우리네 인연

---

* 間隙, 시간이나 때의 틈으로 사용

확실한 증거

당신이 지쳤다는 건
치열하게 살았다는 것

당신이 괴롭다는 건
세상을 사랑한다는 것

당신이 실망했다는 건
삶을 믿었다는 것

당신이 실패했다는 건
열정으로 도전했다는 것

살아 있는 사람에게

나이가 든
한 사람 그리고
또 한 사람이
세상을 떠납니다

어쩌다가
가끔은
젊은 사람도
세상을 떠납니다

모두 떠나가는 세상에서
그대여
아직도 모르겠습니까
살아 있는 날의 의미를

생각 바꾸기

바다가 그곳에 있으니
등대가 있는 거지
바다는 파도로 말하고
파도를 무서워하는
등대가 있겠니

당신이 그곳에 있으니
세상이 있는 거지
세상은 바람으로 말하고
두려워하지 마
가지 않는 바람은 없잖아

울 엄마

가족 봉안 묘소에
한 줌 재가 되어 안치된
32년생 울 엄마

망국의 어린 소녀였고
전쟁터의 아기 엄마였지
철없는 다섯 아이의 생명줄

지난한 삶을 살아 내며
만들어 낸 명언 한 줄
이런 건 일도 아니야

죽음을 부르는 병마 앞에서도
이런 건 일도 아니었고
일이 될 수도 없었던 울 엄마

꽃잎

꽃잎은 서둘지 않고
떨어진다

꼭 그만큼의
시간만큼 머물다 간다

꼭 그만큼의
공간을 차지한다

쉽게 놓아야 꽃이다
그래야 아름답다

건강 챙기기

운동을 시작했다
이곳저곳 더 아프다
아프니까
살아 있는 거다

운동을 시작했다
힘이 든다
힘이 들어야
힘이 들어오는 거다

행복은 발견하는 것이다

행복은
찾아가는 것이 아니라
가만히 앉아
발견하는 것이지요

단단히 준비하고
눈에 불을 켜고
여기저기 찾아다니면
행복은 찾을 수 없어요

그대를 향한
기대를 낮추고
홀로 마음을 닦다 보면
황홀한 빛으로 채워지지요

뿌림과 거둠 사이

한때는
뿌린 씨앗만큼만
거두어 챙기려고 했지

그런 한때는
거두어들이는 때도
지키려고 노력했어

어느 누구는
뿌린 씨앗도
거두지 못했고

또 그 누군가는
뿌리지 않은 씨앗을
탐하기도 했지

뿌리고 거둔 것이
모두 내가 한 일이
아닌 것도 있었어

알차게 거두면
뿌린 것보다 많은 걸
거둘 수도 있었어

알맹이와 껍데기는
거두는 자의
마음 탓이고

다만 지켜야 할 일이
비 오는 날 뿌리고
하늘 맑은 날 거두는 일

덜어내기

제4부
이해하기

이해하기

나직이 지나가는 바람에게
귀 기울여 보세요
소곤소곤 부드럽게
속삭일 테니까요

여명의 푸르른 침묵에
귀 기울여 보세요
산란하게 요동치는 마음을
다독여 줄 테니까요

마음을 내주어
귀 기울여 보세요
그러면 끄덕이며
이해하게 될 테니까요

부표

충청남도 서쪽 끝
장항 마을에 가면
육로가 끝나는 곳이 있어
바닷길은 열려 있지만
차로는 갈 수 없지

그 바다엔
끈 하나에 매달려
바다가 요구하는 대로
끄덕이며 살고 있는
퇴색된 부표가 있지

저항하지 못하고
그저 긍정만 하고 있는
그 모습을 보며
마음이 참 불편했어
숨을 쉴 수조차 없었지

발버둥

지금 알고 있는 것들
지금 안주하고 있는 것들
그 머무름
그 편안함
그 익숙함을 넘어
불편의 색다름을 찾아
우리는 발버둥 쳐야 한다

스스로 포기하고
맞추며 살았던
아버지와 그 아버지가
도달하지 못한
그러나 꼭 도달해야만 하는
그 열망 속으로 가기 위해
우리는 발버둥 쳐야만 한다

수많은 사회적 통념들은
고르고 골라 박제하여
유물로 간직하고

우리가 원하는 새벽이 오기엔

아직 이른 시간이지만

두 발을 힘주어 빼내려는

그 발버둥은 쳐야만 한다

한 편의 시

한 편의 시를 읽으며
왈가왈부 따지지 마오

시는 마음의
호기심과 궁금증이라오

혼잡한 세계를
건너는 징검돌이라오

밟고 싶은 사람이
골라서 밟을 수 있는

물에게 물어봐

머리가 꽉 차서
마음이 답답할 때는
물에게 물어봐

한 개 섬조차 없는
넓고 넓은 바다가
아니더라도 괜찮아

대지를 가로지르며
유유자적 흐르는 강물이
아니더라도 괜찮고

도란도란 대화하며
흘러내리는 실개천이라도
물이면 되잖아

비우고 내려앉는
천성을 닮을 수만 있다면
아, 그럴 수만 있다면

그만하면 괜찮다

긍정과 부정의
예리한 칼날을
무디게 만들어 버리는

합리화로 치장되면서
밉보이지 않는
어중간한 문장

자신과 타인을
편안함으로 보듬는
달관의 문장

그만하면 괜찮다
그만하면 괜찮아
암, 그렇고말고

나머지

반 이상 되면
하나로 치는 게 어디 있니

하나가 안 되면
무조건 나머지가 맞지

널 좋아하는데
얼마만큼이 있을 수 없잖아

나머지 없이
전부 온전히 다 좋지

병실에서

그대여 오늘
숨을 몇 번 쉬었나요

그대여 오늘
몇 마디의 말을 했나요

그대여 오늘
무엇을 보았나요

그대여 오늘
어떤 생각을 했나요

움직이지 않았어도
참 열심히 살아 냈네요

다 고마워요
내 곁에 있어 줘서

슬리퍼

슬리퍼를 신다가
문득
슬리퍼 같은
사람이 되고 싶었다

쉽게 끼고
쉽게 빼고
쉽게 젖고
쉽게 마르고

누구에게나
쉬우면서도
편안한
그러나 꼭 필요한

쉽게 말하지 마소

슬픔이나 그리움도
영원하지 않다고
그리하여 잊힌다고
쉽게 말하지 마소

영원하지 않은 것이
영원하지 않은 시간이
내 생애보다
길 수도 있잖소

비밀은 없어요

귀 기울여 들으면
닫힌 문 안에서 속삭이는
소리도 들을 수 있어요

긍정이건 부정이건
소리를 듣는다는 건
마음이 향하는 길

온전한 침묵도
확실한 밀폐도 없는
우리네 삶의 길

입, 눈, 표정, 행동을
모두 감출 순 없어요
아, 느낌도 있네요

미워하지 말아요
나쁜 맘 먹지도 말아요
좋은 생각만 하기로 해요

사랑 1

헤아릴 수 없는 건
헤아리려 애쓰지 말고
그것의 심오함과 견고함에
뭉텅 빠져들어
찬사를 보내면 어떨까

인정하고 있는
너와 나의 차이를
침묵 속에 감추지 말고
오감으로 표현하며
촉촉이 젖어 들면 어떨까

사랑 2

시간에게 주살되기 전에
그 무엇이 되었건
사랑하다가 사랑 속에서
죽어 갈 수만 있다면
그것이 행복 아니겠는가

메스를 들고 다가오는
피할 수 없는 시간
그 막다른 골목길에서
사랑할 거리를 찾는다면
사랑하게 된다면

소꿉장난

한 사람은 돈을 세며 놀고
또 한 사람은 노래하며 놀고
너는 운동하며 놀고
나는 공부하며 논다

혼탁한 세상에서
같이 놀 사람 찾지 말고
놀고 싶은 대로
소꿉장난하다가 가면 된다

나이 든다는 것

아무것도 원하는 것이 없다고
말은 쉽게 하지만
돌아서는 순간
욕망으로 가득 찬 심사

아무것도 잃지 않으려 애써도
날강도가 되어 덤벼드는
시간의 불가항력
그 굴욕의 비참함

나이 든다는 것은
욕망을 다독거리며
시간에게 굴복당해
순한 양이 되는 것

그루터기

화마가 휩쓸고 간 자리에
차마 뿌리까지는 버리지 못하고
자리를 지키는 그루터기

나이테와 나이테 사이에
품고 버티어 낸 연륜들이
나그네의 발길을 잡는다

퇴직 후 30년

찾아 먹지도 못하고
걷지도 못하고
스스로 할 수 있는 건
소리 내어 우는 일밖에 없었어
그러던 내가
뒤집기 하고 걸음마 연습하여
이렇게 잘 뛰어놀았지

다 준비되어 있고
뭐든지 다 알아내어
뭐든지 다 할 수 있는
퇴직 후 30년
이렇게 지내다가 죽겠다고
그러면 억울하지 않겠어
생각한 것을 실천해 봐

사과나무 아래에서

알고 있을까
무더기의 꽃봉오리 중에
피우지도 못하고
몇 개는 도태되고
수많은 애기 사과는
한 개를 위하여
또 그렇게 가위질당하고

알고 있을까
녹음 사이에 빗물이 흐르고
태양이 머물다 가고
하늘이 좀 더 푸르른 그날
퇴색된 잎사귀 사이에
빛나는 전리품이
내 것이 아니라는 걸

알고 있을까
비슷비슷한 때가 되면
곱게 여문 사과처럼

가진 것보다는
향기가 더 아름다워야 하고
나눔으로 쪼개져야
씨앗이 잉태할 수 있다는 걸

알고 있을까
모두 내려놓고
가장 깊은 곳으로 침잠하며
나무는 죽는 것이 아니라
다시 할 일을 만드는 것을
사람 같지 않아서
나무는 다시 봄이 또 있다는 걸

당신의 하루
— 어느 백수에게

늦잠 잤다고 포기하며
돌아눕지 말아요

비몽사몽 속에서
시간을 알 수 없다고요

그 어떤 일이라도 시작은
포기하는 것보단 나아요

당신의 하루를 구하기에
너무 늦은 시간은 없어요

젖지 않는 바다

비가 오면
바람과 동행하는
바다

산과 들 모두 젖는데
비에 젖지 않는
그 바다

그리움

마른 나무는
불이 태우며
모닥불을 만듭니다

저녁노을은
시간이 태우며
어둠을 만듭니다

어여쁜 당신은
애를 태우며
그리움을 만듭니다

적당함에 대하여

밀폐된 서랍 속에서
나누어진 칸마다
묵은 추억을 고스란히 꽂고
그렇게 기다리고 있었구나

휴대폰만 있으면
불편하지 않은 세상에서
손지갑을 열어
잊힌 것들로 채워 봅니다

적당히 행복해하고
웃음을 짓는 나이가 되어서야
퇴색된 손지갑이
내게 참 적당함을 알게 됩니다

생각의 변이

오늘의 어려움을 잊기 위해
내일의 숙취를 선택하고
그에게 전화를 걸었다

부재중인가
목욕 중인가
휴대폰인데 받지를 않는다

하나, 둘, 셋
시간이 한참 지났는데
확인 전화가 없다

술에 취하지 않고도
어려운 밤이 지나갔다
그가 참 고맙다

덜어내기

제5부

끈

글쓰기

황새 한 마리
물속에 발 담그고
잠이 들었나 보다

발가락 사이를 노니는
작은 물고기가
친구를 데리고 왔다

잔바람에 번지는 윤슬보다
많은 상념을 달고
황새는 어디쯤 날고 있을까

선택된 낱말 하나
똑 떨어져
잉크처럼 번져 간다

강아지풀

여름 들녘 한가득
몸뚱이는 보이지 않고
꼬리만 살랑살랑

하루 온종일
무리 지어 마중하는
반가움의 그 향연

세상의 모든 일을
반가움으로 바꾸며
좋은 인연을 만들고 있네요

끈 2

스르르 풀려 버렸네
나도 모르게 언제
매듭을 풀어 버렸을까

아니지 어쩌면
처음부터 묶여 있지
않았던 것일까

당겨 보지도 않고
그냥 잡고만 있었어
불안했거든 믿음이

아직은 위태위태한
홀로서기이지만 이제는
끈이 없어도 넘어지지 않아

그냥 얽매여 지낸
잡음과 잡혀줌으로의 시간
네가 있어서 참 고마웠어

정치색 政治色

동양의 태극 철학까지는
몰라도 되겠지요
태극기를 가만가만
바라보기만 해도 알 수 있지요

청색과 붉은색의 조화
시작도 끝도 없는
용틀임의 어우러짐
화합의 춤사위

청색과 붉은색을 나누면
둘 다 소멸하게 되지요
너도 있고 나도 있는
우리는 하나입니다

반박 反駁

옛것만 추앙하며
옛것만 우아하고
지금 것들은 천하다고
함부로 말하는 그대여

지금 것만 사모하여
지금 것만 옳고
옛것은 고리타분한 유물이라고
함부로 말하는 그대여

옛날이나 지금이나
불확실한 미래에 불안해하고
이념의 질곡에 번민하며
살아 내기는 마찬가지라오

내 어릴 적 그 옛날도
변해 가는 지금이었고
먼 후일에는 지금이
그 옛날이 된다오

보고 싶다

생각의 길이
길고도 길었던
밤을 지나왔네요

대안도 없고
새로운 생각도 없이
날은 밝았네요

지금이라는
허공에 갇혀
멍하니 있네요

놀이터에서

마냥 즐겁게
아이들이
놀이에 빠져 있는
어린이 놀이터

선생님이 부른다
얘들아
영어 선생님 오실 시간이다
정리하고 들어가자

선생님
우리는 더 놀고 싶으니까
영어는 선생님이 배우세요
그치, 그러면 되겠다

햐
맞는 말이다
선생님 혼자서
영어 과외 받으면 되겠다

면도를 하며

날카로운 칼날을 들이대어
삐죽이 올라온
간밤의 반항아들을 밀어 낸다

남자라는 이유로 시작된
수염과의 전쟁
그 끝없는 영생의 반란

검은 머리도 퇴색하는
그때가 되면
돋아난 수염도 반가운 아침

털끝 하나하나에
감사의 의미를 심고
해맑게 하루를 시작한다

끝없는 사랑

느티나무 그늘 속에
노부부와 함께 몸을 기대고
더위를 피하고 있었어요

조만간 내가 걷게 될
앞부분의 생이
울림통으로 번지는 대화

힘들게 하는 게 미안해
노인 병원에 가려는 할머니의
생을 포기한 그 한계

할아버지의 천둥
행복하자고 같이 있자는 게 아니야
불행해도 괜찮으니까 함께 있자는 거지

골짜기 소곡

이름 모를 새여
너는 소리 높여
즐겁게 노래하렴

바위틈의 시냇물이여
너는 좀 더 거칠게
다투어 보렴

아기 바람이여
너는 멈추지 말고
더 신나게 뛰놀다 가렴

너른 바위에 앉은 나는
숨소리조차 죽이고
침묵의 경계에 머물리라

잠자리에 들며

저녁노을이 해를 태우고
죽은 자의 몸을 태우듯
밝음 속에 발광하던
찌꺼기들을 태우고 있다

머릿속에 용량 가득 찬
하드디스크를 빼내어
불길에 던져 버리고
눈을 감는다

밤사이 하늘은
태양을 새로 만들어 띄우고
머릿속은 포맷이 되어
해맑게 되어 있기를

순간의 모든 것에
새로움을 가득 담고
시작될 나의 하루가
또 다른 감동으로 충만하리니

한국인

동쪽 끝엔 물바다
서쪽 끝에도 물바다
남쪽 끝에도 그 물바다
북쪽 끝은 사람이
넘을 수 없는 벽

동서남북 모두 막혀
하늘바라기로 사는 사람들
그들은 날개를 가졌다
그래서 잘 날아오르고
추락도 빠르다

진실입니다

살다 보면 변곡점을 지나면서
행복한 나날만 계속됩니다

새로운 사랑이
생겨서가 아니랍니다

재물이 많아져
풍족해져서도 아니랍니다

때가 되면 마음속에 솟는
감사함의 샘물이랍니다

살아 있기만 하면
누구에게나 솟아납니다

인생길

산을 오르다 힘이 부쳐
너른 바위에 앉아
숨 고르기를 하고 있었어

지나가는 등산객이
정상이 얼마나 남았는지
급하게 묻는 거야

가 보았어야 알지
잘 모르겠다고 말해 주었지
쉬엄쉬엄 가라는 말은 못 했어

다짐

허든거리는 마음으로
번뇌의 나무에
시도 때도 없이 술을 부으면
자라고 열리는 건
미련과 후회

여름내 고생한
가을 부채의 몰골이라 해도
아직 남아 있는
여운의 힘으로
중심 꼭 잡고 가야지

마음고름

어느 누구나
자기 마음의 문지기
스스로 통과시키지 못하면
언제까지나 문 앞에서 서성이며
수시로 노크하는 감정 스토커

나는 너에게 너는 나에게
제대로 느끼고
수시로 표현하고
일찍 통과시켜야
몸도 마음도 편안해지겠지

나는 지금 어떤지
너는 지금 어떤지
마음고름을 느슨하게
풀어 매고 표현하며 살아요

그 자연처럼

아무 판단도
평가도 하지 않고
늘 그 자리를
지키고 있을게

빛을 향해
길어지다가도
때가 되면
고요히 숨죽이고

오르막 내리막길에
발에 채이며
이리저리 뒹구는
자갈돌이 되기도 하고

바람 따라
예쁘게 순응하는
윤슬의 춤사위가
되기도 하고

네 모습

그대로를 담으며

머물러 있을게

그 자연처럼

건강에 대하여

온전히 건강해져
아픈 곳 없이 살아가려고
꿈꾸지 말아요

너도 나도 어쩔 수 없는
그때가 되면
살아갈 만큼만 욕심내야 한다오

사랑하면 다 보여

나도 많이 늦었는데
너는 더 늦는 것 같아
진실을 알려 줄게

연인도 자녀도
동물이나 식물도
사랑하면 다 보여

우리 엄마들이
자녀들이 말 안 해도
모두 알아채듯이

보이는 대로 실천하면
사랑받게 돼
사랑은 주고받는 거니까

할머니 말씀

다들 어딘가 아프고
그 아픔이
조금 괜찮아지거나
아주 심해지거나

그렇게
되풀이만 되어도
참 좋은 행복이지

아픔도 외로움도
그때 그 수준에서
받아들이며 사는 거지

덜어내기 2

나이 들어 간다는 건
내 것인 줄 알고
제멋대로 사용하던 걸
하나씩 하나씩
본래 주인에게 돌려주는 것
건강까지도

오로지 남은 건
내 마음밭을 일궈
소소한 것들로 씨앗을 뿌리며
즐거움을 만드는 것
너마저 네 마음 찾아
허망이 떠나가는 것

건강한 사람도
건강하지 못한 사람도
모두 한결같이
닳아 문드러져 끝내는
유한의 흔적만
남기고 가는 것

손거울 사러 갑니다

내가 사는 소도시에도
손가락을 다 접고도 남을
꽃집이 있어요

당신에게 줄 꽃을 사러
하나, 둘, 셋, 넷
모든 꽃집엘 들렀지요

그 많은 꽃들 중에
당신에게 꼭 맞는 꽃을
찾아낼 수가 없어요

뭉텅 잘려 나간 시간은
당신과 약속한 곳으로
재빠르게 숨어 버렸어요

아, 그렇지요
작은 손거울 하나
예쁘게 선물하면 되겠네요

꼭 반반半半

어떤 일이든
동전의 앞면과 뒷면처럼
일어날 일과
일어나지 않을 일이
꼭 반반이지

내일 살아 있을 확률도
꼭 반
내일 죽을 확률도
꼭 반
아, 정신 차려야지

덜어내기

제6부
순리

몸살

몸살이 났다
우선순위를 세워 놓은
일상의 모든 것들이
하나도 중요하지 않다
그냥 널브러져 있었다

그런데 참 이상하다
아무것도 못 했는데
아무 일도 없었다
때때로 내가 나에게
쉬는 시간을 줘도 괜찮겠다

자유를 위해

잘 닦인 산책길에
합성목재로 또 덮은 길 아니고
나란히 심겨져 있는
꽃과 나무들 아니고

흙 위에 풀
풀 속에 꽃과 벌레
그리고 숨어 있는 꿈틀거림
제각각 아무렇게나 살고 지는

그렇게 살아도
아무 문제 없다는
자유의 항변을 보고파
출입 금지 푯말을 넘는다

익숙함은 정직하다

이제는 알고 있겠지
세상은 참 불공평하고
탄력성이 약한
낡은 고무줄 사회라는 걸

그래도 한 가지
어떤 일이든
하면 하는 만큼
익숙해지는 건 정직해

익숙함은 편함을 만들지
그래서 그랬나 봐
이 세상을 향해
나도 웃을 수 있으니

사람마다 차이가 커서
필요한 시간은 알 수 없지만
누구나 익숙해진다는 건
배신이 없어

순리 順理

물이 흐르는 길에는
잘못이 없다
그곳이 낮은 곳이고
꼭 가야 할 길이다

곧게 다가오지 못하고
영 다른 방향으로
한참이나 갔다가
에돌아 온다고 탓하지 말라

순리대로 산다는 건
거스르지 않는 것
오르지 않고 내려앉는 것
물처럼 그 모양새로

행운이 너를 찾아올 때
낮고 빈 곳을 흘러들진대
운명 탓하지 말고
낮은 곳에 허공을 두라

후회라는 것

그것이 무엇이 되었건
선택했던 때의 나는
지금의 내가 아니지요

다만 선택의 결과가
아픔을 낳고 있다면
아픔을 내 몫으로 챙기세요

후일 어느 날엔가
그때 그 선택으로 배운 것이
지금을 위한 것인지도 모르잖아요

어떤 경험을 하든
경험은 진실한
믿음과 동행하니까요

자화상 自畵像

철들고 나서부터일 거야
가끔은 이런 생각을 했어
내가 사는 이 세계에서는
내 안식처는
찾을 수 없을지도 몰라

지금까지는 운이 좋아서
때로는 타인의 양보로
여기까지 살아 냈어
홀로서기가 익숙해지면
한없이 약해진 모습이겠지

모든 것이 미안해
하지만 세상에서 강해지려고
타인을 밟지는 않았어
다만 여러 편의 희극으로
웃음을 주었을 뿐이야

갈림길

여정도 끝도
짐작조차 할 수 없는
갈림길에서

내가 선택한 길과
네가 선택한 길이
만날 수만 있다면

어느 날 어느 곳이라도
익숙한 너의 미소는
지난한 세월을 보상하리니

미래의 시간을
미리 맞추어 놓으며
선택의 꿈을 꾼다

무서워요

아버지는 살아생전
일제 강점기의 악몽에서
벗어나질 못하셨지

어머니는 평생
전쟁 속의 빨갱이가 두려워
입 다물고 사셨지

현재를 살고 있는 나는
내가 살아가는 이 세상이
너무 무섭고 두렵다

힘들게 공부한 아들은
세상에 눈 돌리지 않고
지금을 살아간다고 한다

미래를 살아야 하는
여린 손주들에게
무엇을 남겨 줄 수 있을까

꿈꾸는 잡초

봄이 오면 잡초의 꿈
더워지기만 해 봐라
내가 이 땅을 모두
초록으로 덮으리라

여름이 오면 잡초의 꿈
서늘해지기만 해 봐라
내가 푸른 하늘 가득
씨앗으로 덮으리라

가을이 오면 잡초의 꿈
추워지기만 해 봐라
깊숙이 내려앉아
인내하며 침잠하리라

겨울이 오면 잡초의 꿈
따뜻해지기만 해 봐라
내 모든 열정을 쏟아
새롭게 태어나리라

봄부터 겨울까지
하루 온종일 때도 없이
어느 인간이 뱉는 말
살기 힘들어 죽겠네

성 城

넓은 들 한가운데
고만고만한 도래산*
품에 안긴 나의 성

소리 없이 흘러가는
강줄기를 닮은
사람들이 모인 나의 성

그 성이 그늘을 만들며
강바람을 깨우면
축제를 벌이는 아파트, 나의 성

---

* 무덤가에 죽 둘러선 소나무를 도래솔이라 한다. 위 시에서는 아파트를 중심으로 작고 고만고만한 산이 빙 둘러 있는 모습을 도래산이라 표현했음

강 마을 수채화

아파트 그림자가
강물을 가로질러
다리를 놓기 시작하면
높은 강둑에 앉아
감독을 했어

물오리 몇 마리를
직원으로 채용하여
내가 갈 수 없는 곳까지
샅샅이 살펴보게 했지
물오리에게 일당은 뭐겠어

언제나 되풀이되는
미완의 공사였지만
내게 주어진 직책을
인정해 주는 이는 없지만
숭고한 자연의 일부였지

한여름

너무 더워요
사는 이유는 생각지 말고
가던 길 그냥 스쳐 가세요

매미들이 대신
답을 내놓고 있잖소
맴맴맴 매애애애앵

유월

유월 장마가 지나고 나면
매미들이 옷을 벗고
한낮의 연애를 시작하겠지

잡초들은 더 아우성치며
기지개 켜고 몸을 부풀려
실세를 과시하겠지

인적이 끊긴 포도鋪道엔
햇살이 화를 내며
아우성치겠지

커피 한잔

시간이 많이 지나가면
어떤 일들은
다른 모양의 옷을 갈아입고
다시 나타나기도 해

슬픔이나 미움이
그리움으로 또는
쉽게 돌아섰던 그 길이
아쉬움으로

먼 길을 돌아온 경험들이
어떤 모습이건
삶이 당신을 잊지 않고
사랑하고 있다는 거지

그리워할 것은
그리워해도 되고
아쉬운 것은
한잔의 커피면 충분하겠지

여랑 야랑

너와 나 사이를
갈라치는 관계가 싫어
산을 오릅니다

산과 산 사이를
둘로 나누며
흘러내리는 물줄기

나눔 위에
자연스레 만들어진
징검돌이 참 많습니다

거슬러 올라오니
나눔을 알 수 없는
산 하나만 있습니다

젊은이여

지금 답답해하는 건
마음이 부쩍 자라서
그릇이 작기 때문

껍데기를 벗는
아픔을 두려워했다면
매미의 여름은 없었으리라

사랑이란

새벽에 눈을 떴을 때
당신이 옆에 있는
그 행복

당신과 마주 보며
밥을 먹을 수 있는
그 기쁨

당신을 언제나
생각할 수 있는
그 기적

당신과 내가
온전히 살고 있는
그 일상

강 마을 소네트

우연이 아니지요
어쩌다가도 아니고요
그대로의 일상이랍니다

얼굴 내밀고 반기는
물결과 초록 들녘
몇 마리의 물오리

바라보이는 것은
시시때때로 달라도
주제는 평화로움이지요

큰일

아기에게 젖을 물리고
기저귀를 갈아 주고
토닥이며 사랑해 주는 엄마

내 힘으로
하루를 산다는 게
얼마나 큰일인지

스스로 해낼 수 있는
지금의 내가
얼마나 장한 모습인지

고란사* 소곡

거슬러 오른 강바람이
골짜기를 휘돌면
풍경이 먼저 일어나
암막을 걷어 올린다

이게 다 뭐라고
할 수 있을 만큼만 하고
남은 일은 남겨 두고
잘되라고 기도만 하라고

돌계단 사이를 채우며
한숨과 푸념의 낱말들
그렇지 그래야 하지
나머지는 기다림의 몫이지

---

* 충청남도 부여군 부소산에 있는 절

선 긋기

모질게 선을 그으면
너는 서운해할 거야
선의 굵기와 길이가
굴곡진 네 탓이라 해도
네 몫이 더 많아도

너를 잊을 용기가 없어
머뭇거리는 만남 속에
펜 끝이 말라 버렸어
선을 그을 바탕도
어디론가 사라졌어

무덤덤하게 지낸 시간이
오히려 너를 붙잡고
모질지 못한 성격이
적당한 거리를 찾았어
참 다행이야, 지금

귀鬼

뛰어난 재능을 품고도
끈이 없어 붙잡지 못하고
거짓된 저울질에 밀려
스러진 슬픈 영혼이
존재조차 드러내지 못한
한을 품은 채
어느 곳에 머물러 있을까

주변만 맴돌이하다가
손 한번 내밀지 않는
매서운 눈빛에 질려
다 그만두고
혼자만의 세계로
숨어 들어간 그 영혼은
또 어디에 머물러 있을까

무녀의 춤사위에 매달려
하늘을 날고 있는
죽은 자들의 귀환

역사는 불행하게
죽은 자들을 불러내어
영혼을 달래 주는 굿판
귀신들의 노래다

수직선

한쪽에 화살을 달고
곧게 날아가고 있는
쉬지도 않고
속도의 변함이 없는
무한 질주의 그 직선

엄마가 찍어 준
선명한 시작점이
까마득히 멀어질수록
누군가는 마침표를 들고
수직선 위에서 줄을 탄다